Renate Sültz & Uwe H. Sültz

9 knisternde Kurzgeschichten

Genre Krimi

Bibliografische Information durch die Deutsche
Nationalbibliothek

Die Deutsche Nationalbibliothek verzeichnet diese
Publikation in der Deutschen Nationalbibliografie;
detaillierte bibliografische Daten sind im Internet über
http://dnb.dnb.de abrufbar.

© 2019 Renate Sültz & Uwe H. Sültz

Herstellung und Verlag:

BoD – Books on Demand, Norderstedt

ISBN 9-78374-9-42863-2

Inhalt:

R B O G W S

7 9 4 2 6 1 9 2 3

Q R P A V L Y Z A Z

1 4 6 8 2 9 5 3

W B K O L D S W A

5 8 4 2 1 0

A H K O P T

Ein Toter wird reden

Inspektor Blake arbeitet schon lange im Stadtteil Kensington. Er hatte sich vor einigen Jahren hierher versetzen lassen. Vorher wohnte er in Waterloo- London Bridge. Dass er nach Kensington versetzt wurde, war ihm nur recht. Irgendwie liebte er diesen Stadtteil, da hier viele Persönlichkeiten wie zum Beispiel Freddy Mercury oder Newton und auch die berühmte Schriftstellerin Virginia Woolf lebten. Kensington war sehr belebt, die Bevölkerung wuchs ständig. Aber auch die Kriminalität. Inspektor Henry Blake war im besten Alter und hatte noch einige Jahre zu arbeiten. Kein Problem, denn er liebte seinen Beruf. Da er keine Familie hatte, konnte er täglich Überstunden machen und sich gänzlich seinem Job widmen. Eine Heirat hatte er immer als Ballast empfunden. Dagegen war sein Assistent Tom Sidney glücklich verheiratet. Zwar kinderlos, aber das war ihm egal. Na ja, jedenfalls tat sich einiges in der Verbrecherbekämpfung. Die beiden Polizisten hatten alle Hände voll zu tun. Sie liebten ihren Job, obwohl es immer schwieriger wurde gegen dieses grausame Morden vorzugehen.

Am Morgen des 12. Dezember 1991, sie fuhren gerade durch den Stadtteil Streife, sprang das Funkgerät im umgebauten

Austin FX4 an. Der Wagen diente einst als Taxi. Tom Sidney und Henry Blake erschraken wie jedes Mal, wenn das schrille Dröhnen aus dem Gerät drang. „Dieses verdammte alte Ding, schimpfte Tom, da kriegt man ja einen Infarkt.“ „Hallo, Ihr zwei Gauner“, hörte man am anderen Ende der Leitung eine angenehme Frauenstimme rufen! Henni war eigentlich schon in Rente, aber mit ihren 70 Lenzen noch geistig auf Zack. Die Firma riss sich um sie und Henni machte gerne ihren Job. Sie war froh, noch gebraucht zu werden. Gelassen sprach sie weiter mit ihrer noch recht jugendlichen Stimme: „In der Kings Road liegt ein Toter an einem Wasserhydranten, beeilt euch.“ „Klar

Henni, machen wir doch glatt Süße", rief Blake durch das Mikrophon!" Sie rasten, was das Fahrwerk des alten Austin her gab los. „Gibt es hier in dem verdammten Stadtteil auch mal Tage, an denen nicht gemordet wird!", rief Tom Sidney fast ungehalten. „Ich glaube kaum", stöhnte Henry. Am Tatort angekommen, sprangen sie aus dem Wagen und handelten schnell. Der Tote war etwa 1,80 groß, laut seinem Ausweis 75 Jahre alt. Er war außerdem sehr elegant gekleidet. Der alte Herr trug eine Melone, die wohl während des Falls etwas verrutschte und ihm schon fast lustig anzusehen, im Gesicht hing. Der Mantel, den er trug, war aus feinstem Kamelhaar gearbeitet. „Also wie man

vermuten konnte, kein armer Mann",
sagte Inspektor Henry Blake zu Tom
Sidney. Justus Hoffmann, war ein
deutscher Geschäftsmann, der vor Jahren
nach London kam, um hier die Firma
seines verstorbenen Bruders, samt seiner
eigenen Firma weiterzuführen. Blake
erfuhr am Telefon, dass Justus heimlich
mit Waffen handelte und seine Geschäfte
weit bis über den Globus bekannt waren.
Er lebte schon lange in London – so erfuhr
man – und machte hier unentdeckt seine
Nebengeschäfte. Aber wer hatte
Interesse, ihn zu töten und warum? Vor
allen Dingen, wie brachte man ihn um? Der
Tote verbreitete einen recht
unangenehmen Gestank. „Eigentlich

ungewöhnlich für einen gerade Ermordeten", sagte Tom. Sie riefen einen Leichenwagen. der den Toten sofort zur Untersuchung in die Obduktion brachte. Die Inspektoren fuhren zurück in ihr Büro und warteten auf Ergebnisse. Die Zeit verging und langsam wurde Henry unruhig. „Mann, das zieht sich heute aber wie Kaugummi hin. Möchte wissen was die alles untersuchen." Weitere Stunden später klingelte endlich das Telefon. Henry nahm den Hörer ab und wartete gespannt auf Informationen. „Reden sie schon Doktor, was haben sie herausgefunden?" Zunächst war Stille am anderen Ende der Leitung. „Tja, was soll ich sagen", sprach der Arzt von der

Leichenbeschau. „Der Mann weist keinerlei Spuren eines Kampfes auf. Keine Einstichstellen, keine Würgemale, keine Einschusslöcher. Nichts." „Ja danke. Und wie soll es weiter gehen?" „Wir müssen so lange suchen, bis wir wissen, wie er ums Leben kam, Inspektor. Das wird einige Zeit dauern, bitte noch Geduld."

„Danke Doktor", antwortete Blake, „wir haben ja eh nichts zu tun. Bis die das von der Pathologie rausbekommen haben, ist die Leiche verfault", witzelte der Inspektor. Die Tage vergingen und nichts tat sich. Eines Morgens meldete sich Dr. Braun: „Hallo Leute, es kann weitergehen. Im Fall Opa 75 haben wir ein unglaubliches Ergebnis vorzuweisen." Inspektor Blake wurde ungeduldig: „Jetzt rücken sie endlich raus mit der Sprache, Doktor!"

„Tja, wie soll ich es nur sagen? Es ist so", druckste der Arzt herum, „der Tote wurde quasi von innen in die Luft gejagt. Der Darm ist total zerfetzt. Die gesamten inneren Organe sind zerstört." „Anhand des Geruchs merkte man schon, dass was nicht stimmte", sagte Inspektor Sidney.

„Aber wie sollen wir das verstehen?" „Es wurde ihm ein Zäpfchen verpasst, das mit einem Zeitzünder per Funk aktiviert wurde", sagte Braun, ein außerordentlich guter Pathologe. Aber hier verlor er fast den Verstand, denn er konnte nicht begreifen, wozu Menschen im Stande sind. Der Arzt erklärte weiter: „Es handelt sich hier um eine kleine Kapsel in der Form eines Zäpfchens, das mit hochaktivem Sprengstoff gefüllt war." „Und wer hat sie ihm in den Darm gesteckt?", fragte Henry Blake. „Ich werde hier meine Arbeit beenden", sagte der Arzt. „Mehr kann ich nicht tun." Die Inspektoren hatten jetzt Arbeit vor sich. Blake und Sidney mussten draußen Luft holen, denn einen solchen abartigen Mord hatten sie noch nicht aufklären müssen. Mit welchen Leuten hatte Hoffmann zu tun gehabt? Wer war zuletzt bei ihm oder wo war er? Da er seit Jahren heimlich mit Waffen handelte, konnte man sich eigentlich denken, was dahinter stecken könnte. Sie durchsuchten seine Wohnung. Ein paar

Telefonnummern und einige Zettel mit Namen waren die Ausbeute. „Warten Sie, Henry", sagte Tom, „Lassen sie uns in den riesigen Schrank schauen, der in seinem Schlafzimmer steht." „Klar doch, hätte ich fast vergessen", antwortete sein Kollege. Als sie die riesige Tür öffneten, fiel ihnen ein Koffer aus den 1920'er Jahren auf. Tom ließ nicht locker und brach den verschlossenen Koffer auf. Bündelweise fielen ihnen die Geldscheine entgegen. Henry war nicht mal überrascht, denn in den Kreisen, in denen sich der Tote bewegte, wurde mit viel Geld gearbeitet. Waffenhandel musste schnell und mit Barem bearbeitet werden. Henry Blake und Tom Sidney stöberten jetzt erst recht überall nach irgendwelchen Hinweisen, die zur Aufklärung des Mordes führen könnte. Sie nahmen alles auseinander, bis einer der beiden schließlich eine Liste mit Namen fand, die zwischen den Geldbündeln versteckt war. Sie schlossen alles hinter sich ab und die eigentliche Arbeit begann für die Inspektoren in ihrem Büro. Sie durchleuchteten jede Person, bis sie auf einen Unternehmer stießen, mit dem sie nie gerechnet hätten. Niclas Dimitrius. Ein eigentlich unauffälliger Mann, der mit seiner Lebensmittelfirma weltweit bekannt war. Er verkaufte seine berühmten Dimitrius Brotaufstriche recht gut. Ein reicher Mann, der eigentlich mit seinem Leben zufrieden sein musste. Inspektor

Blake ließ ihn auf Herz und Nieren überprüfen. Wie erwarten stellte sich heraus, dass Dimitrius mit Waffen handelte, wie Justus Hoffmann auch. „Aber was hatten sie gemeinsam?", sagte Tom. „Ist doch klar", antwortete Blake. „Sie handelten beide mit Waffen. Hoffmann besorgte sie, wenn die Nachfrage dafür da war. Justus war durch seine Geschäfte aber auch mit den Geschäften des Waffenhandels gut bekannt. Das hatte ihm das Leben gekostet." Die Inspektoren forschten weiter. Es stellte sich heraus, dass Hoffmann auch im Drogenhandel kräftig mitmischte und ganz in den kriminellen Abgrund abgerutscht war. Er wurde von

jemandem ermordet, der es arg nötig
hatte. Henry Blake und Tom Sidney kamen
zu der Überzeugung, dass dieser perverse
Mord nur in der Drogenszene geschehen
konnte. Tom sagte: „Wo sollen wir denn
da suchen? Wo sollen wir anfangen?"
Henry überlegte. „Lass' uns einmal
versuchen, logisch die Sache aufzurollen.
Das viele Geld. Wir müssen unbedingt noch
einmal in die Wohnung", sagte Inspektor
Blake schon fast resigniert. Sie fuhren
los, aber mit einem schlechten Gefühl im
Magen.   „Irgendwas erwartet uns noch,
ich weiß aber nicht was es genau ist",
meinte Tom. „Dieser verfluchte Regen!",
regte sich Henry auf. „Man sieht die Hand
vor Augen nicht und warum müssen heute

alle gleichzeitig mit dem Auto fahren? Es ist einfach zum kotzen."   „Aber Inspektor", versuchte Tom ihn zu beruhigen, „die neuen Scheibenwischer liegen im Kofferraum, wir hätten dran denken müssen."   An der Eigentumswohnung des Justus Hoffmann angekommen, ahnten die beiden schon etwas. Die Tür war angelehnt, das Siegel abgerissen. Vorsichtig traten sie ein. Da sie von Berufswegen Leisetreter waren, wenn sie in eine Wohnung gingen, hörte der Mann nicht, dass sie hinter ihm standen. Er war Anfang 30, völlig heruntergekommen und wühlte in den Unterlagen herum.   „Bleiben sie still stehen und drehen sie sich langsam um, wenn sie ihre Waffe, sofern sie eine besitzen, fallengelassen haben!" Langsam, mit zitterndem Körper drehte sich der Mann zu den Inspektoren um. Er nahm die Hände hoch und ließ sich bereitwillig untersuchen. „Wer sind sie?", fragte Tom leise. „Ich heiße Fred Bailys. Hoffmann hat mit versprochen, an Heroin zu kommen, ich brauche es dringend." „Wo waren sie vor zwei Wochen um 12.54 Uhr?", fragte Henry Blake. „Woher soll ich das denn jetzt noch wissen", zitterte der Mann herum. „Erinnern sie sich gefälligst, es geht hier um einen gemeinen Mord." Der Mann wirkte ängstlich und begann vorsichtig an zu reden: „Ich habe ihn nicht getötet, aber ich kann Ihnen andere Dinge erzählen, die Ihnen eventuell weiter helfen können. Ich lernte Hoffmann auf einer Wohltätigkeitsveranstaltung kennen. Hier in London natürlich. Ich wusste aber auch, dass dort insgeheim Geschäfte getätigt wurden, die nicht sauber waren. Hier wurde mit Millionen jongliert. Justus schmierte den jungen Leuten Honig ums Maul und verteilte kostenlos Kokainproben. Hinzu kam, dass auf diesen Veranstaltungen auch miese Waffengeschäfte abgehandelt wurden."

„Kaum vorstellbar", sagten beide Inspektoren. „Aber warum sind sie hier eingebrochen?" „Die Tür war auf, da hat vor mir auch jemand versucht, es ihm heimzuzahlen", sagte Fred Baleys.

„Hoffmann hat mich, wie auch viele andere, mit seinen Heroinproben abhängig gemacht. Er verteilte sie immer wieder an die Abhängigen, die dann schmutzige Arbeiten für ihn erledigen mussten. Ja, dieses Schwein hat mich zu einem Kriminellen gemacht. Ich hasse ihn. Ja, ich brauche Geld, viel Geld für Heroin und Kokain. Er hatte dieses Geld. Jeder wusste, dass er die Scheine Bündelweise in seiner Wohnung hortete. Ich wollte heute zu ihm und ihn um einen Kredit bitten, der ihm nicht wehgetan hätte. Als ich sah, dass die Tür offen stand, wollte ich mich selbstverständlich bedienen, ich gebe es zu. Selbst er hatte bei vielen Geschäftsleuten Schulden. Er konnte zwar bezahlen, hat es aber immer darauf ankommen lassen. Er gab im Ausland Waffenbestellungen für seine Kunden auf, die mittlerweile fast auf dem ganzen Globus verteilt waren, Waffen, die er in einem alten Lagerhaus am Hafen deponierte. Auch die Drogen versteckte er hier", sagte der Mann, der sein Zittern nicht mehr unter Kontrolle hatte. „Aber gerade, weil es um diese schmutzigen Geschäfte ging, hätte er besser aufpassen müssen. Immer wieder legte er es darauf an." Nachdem die Inspektoren dem Drogenkranken Mann erzählt hatten, wie Hoffmann starb, sagte dieser: „Wissen sie, sein Umfeld ist sehr groß gewesen, da suchen Sie die Nadel im Heuhaufen."

Inspektor Blake entgegnete: „Sie haben Recht, das wird im Sand verlaufen." „Wo sollten wir anfangen zu suchen?", meinte Tom. „Vermutlich müssten wir in Russland, China und der Türkei suchen, denn von dort hat Hoffmann die größten Waffen- und Drogenlieferungen bekommen. Wissen sie, Baleys, in Ihrem Fall werden wir ein Auge zudrücken, denn wir haben keine Drogen bei Ihnen gefunden." Die Inspektoren schlossen den Fall als unlösbar ab. Außerdem war er ihnen einige Nummern zu groß. Sie fuhren mit dem alten Austin in ihr Büro und schlossen die Akte Justus Hoffmann für immer.

Der letzte Tee

Nun saß er in seinem geliebten Lehnstuhl, trank dabei einen heißen Tee. Earl Grey war sein Lieblingstee, so wie er jeden Tag von Josefine, seiner Hausangestellten serviert wurde. Seinen Blick richtete er auf den See. Er sah auf seine Yacht, einige Million Euro an Wert. Der Garten des herrlichen Anwesens war wunderbar gepflegt. Der Duft der Rosen drang bis zu ihm und ließ den Tee noch besser schmecken. Ein Mann, der in seinem Leben alles erreicht hatte, 67 Jahre alt, eine schöne Zeit wartete noch auf ihn, auf Herrmann Degrothe.

Sein Imperium baute Degrothe mit eiserner Hand auf. Sehr schnell ging es bergauf, er diktierte wo es langging. Mit seiner ersten Frau Sonja hatte Herrmann Degrothe zwei Kinder, Frank und Georg. Schon sehr früh erklärte er ihnen den Erfolgsweg des Geldes. Degrothes Ehefrau Sonja hätte die Söhne lieber auf den Weg der Güte, der Liebe und der Ehrlichkeit geschickt. Aber Herrmann setzte sich durch.

Nun saß also Herrmann Degrothe vor dem geöffneten Fenster, trank seinen Tee und erfreute sich an den Rosen, besser, an seiner Jacht, nein, er erfreute sich an seiner Macht. „Macht, die er auf

Geschäftspartner, auf Angestellte, ja, sogar auf seine Familie ausübte." So schrieb es Sonja in einem Abschiedsbrief, den sie Barbara, Herrmanns jetziger Ehefrau, heimlich zukommen ließ. Sonja merkte schon frühzeitig, dass Herrmann ein Auge auf ihre Schwester Barbara geworfen hatte.

Herrmann Degrothe hatte von Anfang an vor, dass Sonja nur Kinder gebären sollte, am besten vier Jungen. Nach dem zweiten Kind ließ sich Sonja sterilisieren, das war ihr Todesurteil. Systematisch tyrannisierte Herrmann seine Frau. Jeder Tag wurde für Sonja zur Qual. Frank und Georg wurden angehalten, mehr aus den

Geschäften herauszuholen. Für einen Hungerlohn zwang ihr Vater sie, erfolgreich zu sein und zu betrügen. Am Anfang des Geschäftslebens, als Sonja noch an Liebe dachte, schien alles gut zu laufen. Beide schrieben frühzeitig ihr Testament. Übertrugen alles gegenseitig. Herrmann war auch noch einverstanden, dass im Falle eines Versterbens von beiden, die zwanzig Jahre jüngere Barbara als Erbin eingesetzt würde. Das lag nun alles vierzig Jahre zurück. Vor drei Jahren kam Sonja bei einem Unfall ums Leben, zumindest stand es so in den Polizei-Akten. Das Ehepaar Degrothe kam auf ihrer Jacht in ein Unwetter, Herrmann kehrte allein zurück. Spekuliert wurde bis heute. Barbara kam zur Trauerfeier aus Rom in das Haus ihres Schwagers. Ihre kleine Wohnung konnte sie ohne weiteres ein, zwei Wochen allein lassen. Anhang hatte die hübsche junge Frau nicht. Sie trauerte im Haus der Degrothes. Bereits am zweiten Tag veränderte sich Barbara. Sie wurde schlapper, lustloser und müder. Herrmann war sehr zuvorkommend, verwöhnte sie mit köstlichem Tee. Die junge Frau ahnte nicht, dass sie mit Drogen vollgepumpt wurde. Bereits nach drei Monaten zwang Herrmann sie zur Heirat. Völlig willenlos sagte Barbara leise „Ja" zum Standesbeamten. Man könnte denken, das damals verfasste Testament ließe sich doch einfacher aus dem Weg

räumen. Nein, daran dachte Herrmann
nicht mehr, er wollte die junge Frau als
Eigentum, als Hörige. Mittlerweile
flüchteten Frank und Georg aus den
Firmen und der Macht des Vaters. Dem
Druck hielten sie nicht mehr stand. Frank
erfuhr, dass bei einem Immobiliengeschäft
sein Vater einen Mitkonkurrenten aus dem
Weg räumen lassen hatte. So gierig wurde
Herrmann Degrothe im Laufe der Zeit.
Heute arbeitet Frank als Buchhalter,
Georg als Steuerberater. Natürlich in
einem anderen Land. Wo genau, das
wusste niemand. Barbara ereilte eine
Hautallergie, eine unangenehme Sache,
denn es juckte schrecklich.
Geistesgegenwärtig stellte sie ihre

Nahrung um. Von nun an trank Barbara viel Wasser und aß nur trockenes Brot. Nach vier Wochen fühlte sie sich wie neu geboren. Herrmann verwöhnte sie wieder mit Tee, in den er die Drogen mischte. Nur durch Zufall bemerkte Barbara das Röhrchen mit dem weißen Pulver. Gab es noch mehr davon? Barbara durchsuchte das Haus. Sie wurde fündig. Das Pulver schmeckte leicht bitter, außerdem hatte sie ein betäubendes Gefühl auf der Zunge.

Was sollte Barbara nun tun? Neuerdings war die Eingangstür verschlossen, vor den frei herumlaufenden Rottweilern im Garten hatte sie Angst. Josefine war ihre Rettung. Barbara wollte ihr eine Nachricht zukommen lassen. Sie setzte sich an den

Schreibtisch ihrer verstorbenen Schwester, suchte Papier und Schreiber. Eine Kopie des Testaments lag unter allen Papieren, sowie eine Nachricht an Barbara. „Wenn du das liest, liebe Schwester, dann bist du so verzweifelt wie ich es war. Ich wollte einen Abschiedsbrief schreiben, dachte dann aber, warum soll ich mein Leben opfern. Ich wollte das Schwein umbringen…" Die ganze Lebensgeschichte war notiert, alles, aber auch wirklich alles kam ans Tageslicht. Aber, der letzte Satz war beängstigend: „Geh' nicht zur Polizei, das Schwein lässt dich umbringen, er hat Mittelsmänner. Er ließ mich auch ständig überwachen. Bring das Schwein um und lebe mit dem Vermögen mit meinen geliebten Söhnen in Frieden. Bitte spende etwas an ‚Frauen in Not' und ‚Menschen mit Drogensucht', du wirst es schon richtig machen. Hinter dem Schreibtisch findest Du Gift. Deine Schwester Sonja."

...

Herrmann saß immer noch auf seinem Lehnstuhl, blickte zur Jacht, genoss seinen Einfluss und seine Macht. Langsam schloss er die Augen, das Gift wirkte. Dieses Mal hatte er etwas im Tee. Dr. Dresen stellte lediglich einen Herzinfarkt fest.

Die Mausefalle

Familie Kardau war eine reiche Familie. Niemand konnte ahnen, womit sie ihren Reichtum zusammentrugen. Die männlichen Familienmitglieder waren nicht gut in der Stadt angesehen. Sie waren stets unfreundlich und wollten immer Recht behalten. Frau Kardau und ihre Tochter waren wiederum beliebt. Sie versuchten die Boshaftigkeit der anderen Familienmitglieder zu überdecken. Irgendwann dachte Robert Kardau, Sohn von Paul, dass er nun an der Reihe wäre, das Geld und das Vermögen an sich zu bringen. Die Stimmung innerhalb der Familie war sehr gereizt.

Das viele Geld brachte zwar Reichtümer, Sportwagen, eine Segeljacht und was es sonst noch so gibt. Alles hätten sie genießen können, jedoch Vater und Sohn wurden immer egoistischer. Frau Kardau und ihre Tochter hatten sowieso nichts zu melden. Den Patriarchen des Hauses zu bedienen, war ein ungeschriebenes Gesetz. Jeden Abend träumte Robert von diesem Reichtum. Er war ein geborener Angeber. Doch seine Intelligenz war unübertroffen. Er wusste, dass sein Vater bei schlechter Gesundheit war.

Also plante er Paul umzubringen, damit er schneller an das Erbe kommen konnte. Da Robert auf Nummer sicher gehen wollte, entwickelte er einen ausgeklügelten Plan. Ein schnell wirkendes Gift musste her, das er sich über einen Hehler besorgen wollte. Robert präparierte zunächst die Schwimmflossen des Vaters. Mit seiner Fantasie malte sich Robert genau aus, was passieren würde. Sein Vater fuhr mit dem Motorboot oft zum naheliegenden See und setzte sich immer zuerst auf den Bootsrand, um die Schwimmflossen und die Taucherbrille anzulegen. Dann ließ er sich rückwärts ins Wasser fallen. Alles passierte vor den Augen seiner Geliebten Gabi. Nur diesmal stieß die Nadel mit dem flüssigen Gift zu. Paul würde nicht mehr auftauchen. Man würde Gabi als Mörderin verdächtigen.

Seine Fantasien gingen weiter. Einmal im Monat, traf sich Paul mit seinen Freunden beim Skat. Drei davon waren Zigarrenraucher. So freigiebig wie Paul war, hat er sich immer mit teuren Zigarren die Freundschaft der anderen erkaufen wollen. Robert präparierte die vierte Zigarre. Das Gift wirkt auf die Lunge und löst einen Hustenanfall aus. Er wusste auch, dass sein Vater gern den Sportwagen fährt. Etwa 500 Meter nach der Hofausfahrt telefonierte er immer mit Gabi. Robert manipulierte auch das Handschuhfach. Alles präparierte er mit einer Giftspritze. Es kam der Tag, an dem es einen kompletten Telefonzusammenbruch gab. Robert befand sich in seiner Lieblingsbar. Seine Schwester traf sich heimlich mit Johann.

Johann war der Sohn eines angesehenen Industriellen aus Österreich. Auch der Vater von Johann fiel auf die kriminellen Machenschaften von Paul Kardau herein. Er verlor Millionen. Johann und seine Angebetete schmiedeten Zukunftspläne. Er wollte sie aus dieser Familie herausholen. Nur Frau Kardau war mit ihrem Mann allein im Haus. Das Telefon funktionierte nicht. Paul befahl seiner Frau das Handy aus dem Wagen zu holen. Nach einer Stunde fand er sie leblos neben dem Wagen liegen. Durch die Beerdigung wurde das Skatspiel abgesagt.

Natürlich auch das Tauchen. Die Tochter suchte Trost bei Johann. Nutzte aber auch die Gelegenheit zu fliehen. Diese Zeit nutzte Roberts Hehler aus, um in das Anwesen einzubrechen. Er war nicht nur Hehler, sondern auch Dieb. Wie üblich, zu den normalen Einbrecherutensilien, trug er eine Waffe bei sich. Es ist kein Geheimnis, aber die Verandatür ist nicht gut gesichert. Das Wohnhaus wurde nach einem Tresor durchsucht. Paul Kardau hörte die Geräusche, ebenfalls der Sohn. Paul wollte den Einbrecher stellen und holte seine Waffe aus dem Schlafzimmer.

Beide schießen und Paul wurde tödlich getroffen. Der Einbrecher wurde am Bein verletzt. Er lag am Boden. Nun kam Robert ins Spiel und sah die Tragödie. Der Einbrecher, der ja auch Roberts Hehler war, sagte: „Na, da habe ich dir wohl einen Bärendienst erwiesen." „Hilf mir auf, gib mir 100.000 und die Sache bleibt unter uns." Robert ging zum Tresor, öffnete ihn, ergriff das Geld und fiel kurz danach leblos zu Boden. An seinen Fingern verklemmte sich eine Mausefalle mit einer Giftinjektion, die Paul Kordau aufgestellt hatte.

Roberts Schwester übrigens, machte Johann sehr glücklich. Das Vermögen der Kordaus wurde für wohltätige Zwecke gestiftet.

Eine nette ältere Dame - Teil 1 der Oma-Geschichte

Maria Müller bestellte gerade in der Bäckerei vier Brötchen und ein Bauernbrot. Plötzlich fasste sie sich an die Brust und wimmerte: „Mein Herz, mein Herz." Dann sackte sie langsam zusammen. Bäckerin Greta Harnbacher drehte die Wählscheibe an ihrem Telefon. „Bitte schnell einen Arzt, schnell bitte. Bei Harnbacher zur alten Mühle." Eine Menschenmenge sammelte sich in der Bäckerei und davor, während alle auf den Krankentransporter warteten. Niemand bemerkte, wie zwei gutgekleidete Herren, mittleren Alters mit Aktenkoffer die gegenüberliegende Bank betraten. Es bemerkte auch niemand, wie zwei gutgekleidete Damen den daneben liegenden Juwelier betraten. Niemand merkte, wie zwei Halbstarke mit Elvis-Tolle, sich vor den Türen der Bank und des Juweliers positionierten. Die Halbstarken, in Jeans und Lederjacke, schauten regelmäßig auf ihre Uhren und gaben sich Zeichen. Währenddessen zückten die beiden Herren in der Bank, Maske und Eisen. „Jeder bleibt da, wo er gerade steht. Dies ist ein Banküberfall, wir machen Ernst und im Koffer ist eine Bombe." Der eine hielt die drei Angestellten in Schach und der andere räumte die Kasse leer. Alles Geld packte er gierig in große Tüten, die in dem Koffer waren. Derjenige, der die Angestellten in Schach hielt, stellte einen Aktenkoffer mit einem tickenden Etwas mitten in den Kassenraum. Drähte schauten heraus. Die Gauner hauten in aller Seelenruhe ab und wendeten ihre schwarzen Mäntel, sodass sie nun weiß waren. Im Juweliergeschäft spielte sich fast das Gleiche ab. Die eleganten Damen ließen sich beraten. Plötzlich hatten sie statt eines Taschentuchs einen Revolver in der Hand. Nicht sehr groß, aber sehr effektiv. Ruck-zuck räumten sie die Auslage leer. Diamantringe und Armbänder und Uhren. Einfach alles was ihnen zwischen die Finger kam. Der Juwelier und seine Angestellten hockten in einer Ecke. Vier Meter vom Not-Schalter entfernt, um bei der Polizeiwache Alarm zu schlagen. Beide sahen nicht, wie die Diebinnen eine andere Perücke aufsetzten. Diese Perücken waren schwarz. Die Mäntel der Damen wurden auch gewendet, so dass sie weiß waren.

Inzwischen traf der Krankenwagen ein. Polizisten befragten die Bäckerin. Zwei Notärzte trugen auf einer Bahre die ältere Dame Maria Müller zum Krankenwagen. In diesem Augenblick gaben die Halbstarken den Männern in der Bank und den Frauen im Juwelierladen ein Zeichen. Die vier Erwachsenen gingen auf den

Krankenwagen zu, zwangen die Ärzte einzusteigen und brausten mit Blaulicht los.

In einem nahegelegenen Waldstück zwangen sie die ältere Dame als Geisel mit in ihren gestohlenen Fluchtwagen zu steigen. Die Bande, einschließlich der Halbstarken, floh über alle Grenzen und wurde nie wieder gesehen. Im abgestellten Koffer in der Bank war übrigens keine Bombe, sondern ein alter Wecker. Maria Müller hieß auch nicht so, sondern war die Großmutter der Bande. Auch die Enkel waren involviert. Und der Clou: Großmutter entwickelte den Plan!

Denn sie wussten nicht, was sie taten

Es war in den fünfziger Jahren. Es ist die
Zeit des Wirtschaftswunders. Aber auch
eine Zeit, in der viele das haben wollten,
was in den Schaufenstern angeboten
wurde. Auch wurden wieder Autos gebaut.
Viele liefen noch nicht auf den Straßen,
aber sie waren für die meisten
Arbeiterfamilien unerschwinglich. Es war
ein großes Angebot an Gütern vorhanden.
In dieser Zeit aber nicht für jedermann
erschwinglich. Holger Biermann, Freddy
Lindenwald, Günther Faber und Roland
Esser, saßen an einem Samstagabend
fast resigniert am Stammtisch, an dem sie
sich jedes Wochenende trafen. Die jungen

Männer arbeiteten unter Tage. Jeden Tag der Dreck und die stickige Luft im Stollen zermürbte sie. Sie wollten reich sein. Träumten davon irgendwo am Strand zu liegen und das Leben zu genießen. Sie diskutierten den ganzen Abend immer über das gleiche Thema. Außerdem sagte Holger: „Was ist denn schon los hier in Herne?"… „Schaut euch doch mal um hier, ihr werdet nichts finden was euer Herz erfreut. Weit und breit nur Baustellen."… „Ja, du hast Recht, Holger.", sagte Freddy Lindenwald. „Nur, leider sind wir an diese Stadt gebunden." Der älteste in der Runde war Günther Faber. Faber meinte: „Hört auf zu nörgeln, Jungs. Entweder wir unternehmen jetzt etwas oder wir finden uns damit ab unter Tage zu arbeiten und in dieser Stadt zu versauern." „Hast du einen Vorschlag, was wir tun könnten?" Roland Esser meldete sich nun auch zu Wort: „Ihr habt ja Recht. Auf der einen Seite ist hier nichts los und im Stollen hab' ich auch keine Lust zu versauern. Aber nicht nur hier in Herne wird es so aussehen. Und auch ich hätte große Lust mehr Geld zu haben und hier abzuhauen."

Die vier Männer kamen auf eine dumme Idee. Holger machte den Vorschlag einen Güterzug in der Nähe von Esslingen zu überfallen. „Holger, du hast doch wohl den Realitätssinn völlig verloren.", meinte

Freddy Lindenwald. „Aber warum denn, wenn wir genau überlegen was zu tun ist, kann doch nichts schief gehen.", sagte Günther.

Alle Männer kamen zu der Übereinkunft, genau heraus zu bekommen, wann der Zug in den Bahnhof einfährt, rangiert und abgekoppelt wird. Und wann die Ware entladen wird. Außerdem ist in diesem Zug, so hatte sich Holger schon schlau gemacht, eine größere Menge Bargeld zu finden. Der Zug beinhaltet teure Seidenstoffe, die aus der Türkei kommen, außerdem mindestens 250.000 DM an Bargeld. Der Güterzug wird akribisch genau überwacht. „Es wird nicht einfach sein, das Ding durchzuziehen, aber es wird sich für uns alle lohnen, wenn wir zusammenhalten und uns genau an den Plan halten.", sagte Holger Biermann. Am nächsten Morgen waren die Männer wieder mit ihrer Arbeit im Stollen beschäftigt und die Gedanken an einen Überfall waren erst einmal zurückgestellt. Abends am Stammtisch wurde dann wieder diskutiert und beratschlagt über den Überfall. Alle wollten diese Aufgabe erledigen, denn der Traum vom Reichtum sollte Wirklichkeit werden. Freddy, Holger und Günther kundschafteten am anderen Tag alles aus. Sie wussten nun genau, wann der Zug einfährt. Wann er abgekoppelt und entladen wird. Auch bekamen sie heraus, wo sich der Tresor mit dem Geld im Zug befand. Wie viele Wachposten im Zug und sich draußen aufhielten, während der Wagon entladen wird. Sie tranken einige Biere und besiegelten damit ihren Plan. Für den Überfall, planten sie den Freitagnachmittag. Alles musste sehr schnell gehen, sie durften keine Zeit verlieren.

17 Uhr, Freitag der 11, März 1950 in Esslingen. Alle Männer waren auf ihren Posten. Als Zugführer war Harry verkleidet. Günther als Gleisbauer und die anderen beiden lungerten als Fahrgäste auf dem Bahnhof herum. Der besagte Zug

fuhr langsam ein. Die Spannung stieg bei den Männern. Aufregung pur. Der Adrenalinspiegel stieg gewaltig. Jetzt ging alles rasend schnell. Die Wachtposten wurden außer Gefecht gesetzt. Im Wagon handelten die Männer sehr schnell. Alles war gut durchdacht. Sie fanden relativ schnell den Tresor und überwältigten den Zugführer. Alles klappte ausgesprochen gut. Der Tresor war tragbar, sodass sie schnell weg konnten. Schnell sprangen sie in den dafür vorgesehenen Kombi und fuhren sofort Richtung Süden. Niemand erkannte sie, keiner hielt sie auf. Sie fuhren ihrem Traum vom Reichtum entgegen ohne ein schlechtes Gewissen zu haben. Man sah sie nie mehr in Herne.

Omas letzter Auftrag - Teil 2 der Oma-Geschichte

Wir erinnern uns noch alle, als Großmutter Maria Müller mit ihrer Bande, 2 Söhne, 2 Schwiegertöchter und 2 Enkel, gleichzeitig eine Bank und ein Juweliergeschäft überfiel und dann im Krankenwagen flüchtete. Ob in Spanien oder Italien, sie wurden nie gefasst. Aus der Zeitung wusste die Großmutter vom Geldtresorraub in Esslingen. Von den vier Stammtischfreunden aus Herne. Roland Esser, Freddy Lindenwald, Günther Farber und Holger Biermann, drehten 1950 das Ding. Freddy und ihr Sohn Paul waren seit der Kindheit miteinander befreundet. Des

Öfteren trafen sich beide in Rom. Das Geld der Jungs aus Herne war langsam aufgebraucht. Maria Müller war zwar eine sparsame Oma, aber sie wollte auch ihre Familie abgesichert sehen. Großmutter kam auf den idealen Plan, ein großes Ding zu drehen. Sie war über 80, hatte aber immer noch genügend Power für solche Dinge. Sie wusste, dass sie irgendwann an Krebs sterben würde, aber ihr Geist litt nicht darunter. Nach zwei Wochen stand der Plan. Alle machten sich mehr oder weniger einen Spaß daraus. Nur Maria Müller war tot ernst.

Mit 40.000 Lire bestach Oma Müller den Wachmann eines Geld- und Gold

Transporters. Die Orte und Ankünfte stimmten. Nur Sergio lachte darüber und dachte, dass die Oma nichts auf die Beine bringen würde. Aber das Geld nahm er gerne an. Einen italienischen Sportwagen wollte er sich kaufen. Jeder erhielt von Großmutter eine Order. Roland und Freddy hielten an eine, auf dem Weg gelegene, Autowerkstatt. Omas Söhne kauften in Rom einen ähnlichen Transporter. Er wurde umlackiert mit der Aufschrift SECURITY. Der große Tag kam. Maria Müller überließ nichts dem Zufall. Für sie war es das letzte Ding.

Der Krebs ist sehr weit fortgeschritten. Sie wusste von Dr. Alberto, dass es noch wenige Wochen waren. „Oma", sagte ihr Enkel Toni, „wie sollen wir den Transporter anhalten?"... „Sei unbesorgt", so die Oma, „ich sorge dafür." Alle waren bereit. Maria ordnete zwingend an, dass man sich nicht um sie kümmern müsse, denn sie habe alles im Griff. Die Zeit war reif. Der Geldtransporter wollte auf die Hauptstraße biegen. „Pass' auf!", schrie ein Wachmann! „Du überfährst die alte Frau dort." Schon passiert. Die Wachmänner stiegen aus. Sofort wurden sie überwältigt. Holger Biermann raste los zur Werkstatt. Vorne rein und hinten wieder raus. Alle waren mit Sprühpistolen ausgestattet und lackierten in unglaublichen zehn Minuten den Transporter in Rot um. Freddy stellte den in Rom verkauften Transporter auf ein abgelegenes Feld ab und steckte ihn an. Marias Enkel holte ihn ab. Alle trafen sich 50 km hinter Rom, teilten den Erlös und verschwanden. Ein Brief lag in der Werkstatt:

„Es wird alles klappen, ich liebe euch. Aber mein Krebs zwingt mich zu einer nicht angenehmen Tat. Wenn ihr das lest, werde ich nicht mehr leben. Bitte lebt euer Leben.

In Liebe eure Oma.“

Vorbeugung gegen Myopie
Invertierte Lesetexte gegen Kurzsichtigkeit
Teil 1: Gedichte

R B O G W S

7 9 4 2 6 1 9 2 3.

Q R P A V L Y Z A Z

1 4 6 8 2 9 5 3

W B K O L D S W A

Weisheit

Weise wird man nicht mal eben.
Uns prägt das Leben lange Zeit.
Es kommt drauf an, was wir erleben.
Oft ist der Weg sehr weit.

Das All

Das All steckt voller Kraft.
Einstein hatte eine Theorie.
Dunkle Energie, die Großes schafft.
Einerlei im Universum gibt es nie.

Quasare und Konstanten.
Gaswolken weit und breit.
Schwarze Löcher und auch Quanten.
Was ist Raum und was ist Zeit?

Aus Atomen sind auch wir.
Alles ist so fern.
Gern bin ich auf der Erde hier.
Doch auch Kometen mag ich gern.

100 Gedichte mit weißen Buchstaben auf schwarzem Hintergrund zur Vobeugung gegen Kurzsichtigkeit. Natürlich können Sie sich auch über die Gedichte erfreuen! Die Gedichte haben unterschiedliche Buchstabengröße.

Zugabe

Ein Krimi aus dem Buch „WARTEN IM WARTEZIMMER mit spannenden Krimis":

Melodie des Todes

Die Davidwache ist die Hauptwache auf der Reeperbahn. Parallel dazu befindet sich etwas versteckt eine kleine Polizei-Dienststelle, die erst vor kurzem ins Leben gerufen wurde. Sie ist nur für die Herbertstraße zuständig, denn Mord- und Todschlag ist auf der Bordellstraße zu einem gewohnten Bild geworden.

Hauptkommissar Harry Scholz, seine Kollegin und rechte Hand Margot Wilmsen, sowie der Kollege Fred Sälzer haben sich vorgenommen, an diesen schrecklichen Verhältnissen etwas zu ändern. Harry Scholz, 56 Jahre alt und Junggeselle, hat schon seit längerer Zeit ein Verhältnis mit Margot. Margot sieht noch toll aus für ihre 53 Jahre. Sie ist Witwe. Der Mann starb vor ein paar Jahren an einer Krankheit. Vorläufig soll ihr Verhältnis auch ein Geheimnis bleiben. Kommissar Fred Sälzer ist ein redlicher Familienvater von zwei kleinen Jungen. Seine Frau hat panische Angst, dass ihm etwas passieren könnte, doch es ist nun mal sein Job. Jedes Mal sagt er ihr das, wenn er morgens ins Büro fährt. Nun ja, wie dem auch sei, an diesem nebligen Freitagabend im November wurden sie mal wieder von Pistolenschüssen jäh an die Realität erinnert.

Conny Jakobs, eine ältere Edelnutte auf der Herbertstraße, wurde mit mehreren Schüssen in ihrem Bett bestialisch niedergestreckt. Weshalb ausgerechnet Conny dran glauben musste, weiß keiner. Nun war es die Aufgabe des neuen Teams, der Herbertstraße, den Fall zu klären. Zuerst einmal war sehr viel Aufklärungsarbeit nötig. Hauptkommissar Harry Scholz sicherte den Tatort und die Leute von der Spurensicherung gingen eifrig zur Sache. „Mensch, gerade Conny, die immer pünktlich ihre Steuern zahlte und regelmäßig den Arzt aufsuchte, musste sterben.", sagte Fred Sälzer. „Nein, nein, da müssen noch andere Dinge im Spiel sein.", murmelte er vor sich hin.

Die Spurensicherung ergab kurze Zeit später, dass vor dem Schuss ein Kampf stattgefunden haben musste. Unter den Fingernägeln der Toten fand man Hautreste mit Make-up- Spuren, aber auch Fetzen von einer schwarzen Strumpfhose. Margot Wilmsen meinte, dass dies noch kein Beweis sei um einen Verdacht zu äußern. „Fest steht aber, dass ein gehöriges Stück Arbeit auf uns wartet.", sagte Hauptkommissar Harry

Scholz. „Jeder aus diesem Milieu könnte dafür in Frage kommen.", meinte Fred.

An diesem schmuddeligen Freitag, war ordentlich Betrieb auf der Herbertstraße. Fred Sälzer, Harry Scholz und Margot Wilmsen hatten eine schwierige Aufgabe zu lösen. Mit diesem Mord könnten tausend andere Dinge verknüpft sein. Die Etablissements in den Erotikbereichen waren voll ausgelastet. Das Lokal Safari war brechend voll. Die Kommissare betraten das Lokal. Alles wurde totenstill. Die Musik verstummte und die Tänzerinnen auf der Bühne suchten Schutz in den hinteren Räumlichkeiten. Offensichtlich war, dass sich dieser Mord herumgesprochen haben musste, wie sonst wäre dieses Verhalten erklärbar gewesen. Im Laufe der Befragungen stellte sich heraus, dass Conny Jakobs auch in der SMS gut mitmischte. Es stellte sich unter anderem heraus, dass sie zu allem Überfluss noch Drogenhandel betrieb. „Warum setzte sie sich nicht einfach zur Ruhe, alt genug war sie schließlich?“, meinte Margot. Drogenabhängige waren überall zahlreich vertreten. Da waren die Untersuchungen hier nicht ganz einfach. Wir müssen noch einmal das Etablissement von Conny durchsuchen, denn ich bin davon überzeugt, dass wir dort einiges finden werden.“, meinte Fred Sälzer. Fred nahm seinen Job sehr ernst, denn er wollte seine Frau und die Kinder nicht enttäuschen. Der Rubel musste schließlich rollen. Am anderen Morgen durchsuchten alle akribisch Connys Habseligkeiten, bis auf den kleinsten Winkel. „Ach, übrigens liebe Margot, wie wäre es denn mal wieder mit einem Date?“, zwitscherte Harry Scholz und schaute sie verlegen von der Seite an. „Hast du eigentlich keine anderen Probleme, lass uns erst mal unsere Arbeit tun, dann sehen wir weiter.“, entgegnete Margot etwas genervt. „Kommt mal alle her, es ist nicht zu glauben.“, rief Fred Sälzer seinen Kollegen zu. In einer raffiniert getarnten Ecke im Kleiderschrank lagen mindestens 30 Tütchen mit Kokain. Die Kommissare waren perplex. Das hätten sie von Conny Jakobs nicht gedacht. Sie machten sich auf den Weg wieder zur Herbertstraße. Auch klapperten sie alle SM- Lokale ab. Alle weiblichen und männlichen Prostituierten wurden befragt. Genauestens wurden alle Aussagen aufgenommen. Sie stießen dabei auf Gina Schäfer. Sie war noch nicht sehr lange auf der Bordellstraße tätig. Jedoch war sie in höchstem Maße Drogenabhängig. Kratzspuren an den Beinen, die sehr tief in die Haut hineingingen, machten die Beamten neugierig.

Nach langer zäher Befragung knickte die junge Frau überraschend schnell ein. Sie kam mit der Sprache heraus und sagte unter Tränen: „Ich wollte das alles nicht, ich weiß nicht welcher Teufel mich an diesem Abend geritten hat." Weiter sagte sie: „Ich brauchte dringend Koks und obwohl Conny wusste, dass es mir finanziell nicht so gut geht, hat sie sich stur angestellt und die Herausgabe des Zeugs verweigert. Irgendwie habe ich ihr immer das Geld gezahlt, auch wenn es später war. „Aber verdammt noch mal, das ist doch kein Grund einen Menschen umzubringen.", sagte Hauptkommissar Harry Scholz. „Wo haben sie eigentlich die Waffe her?", wollte Scholz wissen. „Ich hatte keine, die lag da einfach so herum.", erwiderte die Mörderin. Sie sagte: „Bitte

glauben sie mir, ich wollte das alles nicht."
„Nun ist es leider zu spät für reumütige Sprüche.", sagte Margot.

Die Täterin wurde abgeführt. Noch nie hatten die Kommissare einen Fall, der so schnell gelöst wurde. „Ich glaube, in Zukunft werden wir noch viel hier erleben." meinte Fred.

Tage später nahm Conny dann doch die Einladung von Harry an. Die Kommissare waren zufrieden, gaben sich die Hand und meinten: „Wir schaukeln das Ding hier schon, nicht wahr Leute?"

Eine Zugabe aus dem Buch
„SONDERDEZERNAT HÖRNUM I MACHT
ERNST AUF SYLT":

Der Tote am Ellenbogen

Die Inspektoren Rene Brandt und Thomas Sörensen hatten eigentlich Urlaub. Sie wollten das warme und sonnige Wetter am Strand von List genießen. Plötzlich ertönte ein Song vom Sylter-Shanty-Chor. „Mensch, hätte ich doch mein Handy zu Hause gelassen.", jammerte Thomas. „Ist doch allerhand, dass man nicht einmal im Urlaub seine Ruhe hat.", sagte er wütend. Gert Hamelau vom Kommissariat in List, dort ist er der Boss, wie er immer lachend zu sagen pflegte, rief an. Er brüllte aufgeregt in den Hörer: „Wo seit ihr gerade Jungs?"… „Ich brauche euch dringend.", rief er mit Nachdruck in den Hörer. „Wie hast du wieder so schnell herausgefunden, dass wir Urlaub haben Gerd?", antwortete Thomas sauer.

„Gerade einmal einen Tag haben wir uns hier am Strand lang gemacht und du gehst uns schon wieder auf den Sack.", wetterte der Kommissar. Gerd Hamelau blieb gelassen und redete weiter, denn im Grunde verstanden sich alle prächtig. „Drüben am Leuchtturm liegt eine Leiche, Leute. Das ist uns von einem Urlauber mitgeteilt worden. Der Tote scheint männlich zu sein, leider fehlt ihm der Kopf.", sagte Gert und räusperte sich dabei. „Hat sich wohl jemand als Andenken mitgenommen.", versuchte Rene einen Witz zu machen, um seinen Kollegen aufzuheitern, der sichtlich durch die Nachricht angeschlagen war. „Nein, das ist eine toternste Sache, den Kopf müsst ihr finden.", antwortete Gert Hamelau etwas ärgerlich. „Na ja gut, es bleibt uns wohl keine andere Wahl.", meinte Rene Brandt kleinlaut.

Schon kurze Zeit später, trafen die Kommissare am Tatort ein. Sie sperrten großflächig den Ort des Grauens ab und riefen die Spurensicherung an. Stofffetzen, Fußabdrücke von dicken Stiefeln und einige Jackenknöpfe wurden gefunden. „Scheinbar hat hier ein Kampf stattgefunden.", stellte Sörensen fest. Leider blieb der Kopf erst einmal verschwunden. Vorsichtig wurde die Leiche, die schon ausgeblutet war, in einen Plastiksack gesteckt und zur Obduktion gebracht. Die Kommissare Brandt und Sörensen veranlassten, die Gegend gründlich abzusuchen und notfalls mit dem Boot rauszufahren, um den Kopf zu suchen.

Einige Tage gingen die Untersuchungen in gleicher Weise weiter, bis Sörensen vorläufig die Aktion stoppte. Bei der Obduktion fand man erhebliche Mengen von Betäubungsmitteln im Magensaft des Toten. Der Mann war Mitte dreißig. Er hatte seine Papiere und seine Geldbörse noch bei sich. Ein Raubmord konnte so ausgeschlossen werden. Es handelte sich um einen Studenten, der wahrscheinlich ein wenig Urlaub machen wollte. „Nein.", sagte Thomas Sörensen. „Rene, wir müssen zum Tatort zurück.", sagte der Kommissar. Thomas war fest davon überzeugt, dass sie etwas übersehen hatten. Rene meinte: „Aber es ist doch alles gründlich abgesucht worden, die haben doch nichts gefunden." Aber Kommissar Brandt blieb bei seiner

Vermutung. Sie fuhren los. Erst einmal gingen sie ausgiebig essen, denn auch Polizeibeamte bekommen einmal Hunger. Plötzlich klingelte wieder einmal überraschend, und dieses Mal mitten im Restaurant, das Telefon. Es war so laut, dass Thomas sich fast an seinem Krabbensalat verschluckte.

„Verdammt noch mal, langsam habe ich aber die Schnauze voll.", wetterte Thomas los und nahm wiederwillig das Gespräch entgegen. „Hamelau hier.", meldete sich eine resolute Stimme: „Wir haben herausgefunden, dass sich hier auf der Insel ein gefährlicher Psychopath versteckt hält, aber bislang ist er noch

nicht gefunden worden. Zum Glück
existieren Bilder von Gerd Hamelau. Die
Kommissare Brandt und Sörensen wurden
hellhörig. „Konkreter kann ich ihn leider
nicht beschreiben, aber man kann ihn als
äußerst gefährlich einstufen.", antwortete
der Polizeibeamte Hamelau.

„Ist es eigentlich selbstverständlich, dass
wir jedes Mal, wenn wir Urlaub haben
Fälle lösen müssen, Thomas?", schimpfte
Rene. Die Männer gingen noch einmal an
den Tatort zurück. Überall lag Blut herum.
Wieder suchten sie alles ab. „Halt!", rief
Thomas. „Komm' einmal bitte her Rene
und sieh dir das an.", schrie er regelrecht
hysterisch, denn er war immer noch

genervt von dem Anruf. Kommissar Sörensen fand einen Erdhügel, der noch relativ frisch aussah. Es sah so aus, als wenn vor kurzem noch jemand etwas vergraben hätte. „Leider müssen wir hier buddeln Thomas.", sagte Rene. „Ich glaube, wir werden eine Überraschung zu Gesicht bekommen.", meinte der Kommissar. Die Beamten waren nicht nur überrascht, sondern auch schockiert und angeekelt über den Fund. Sie gruben einen Kopf und etwas davon entfernt eine Kettensäge aus.

Am anderen Tag studierten sie eine Reihe von Fotos, die diesen Psychopathen zeigten. „Eigentlich eine unscheinbare

Gestalt, er könnte bestimmt niemanden umbringen.", spekulierten sie. „Drüben in Westerland ist doch ein großer Strandkorbverleih, da steht immer einer drin mit Sonnenbrille und langem Bart.", überlegte Thomas. „Ich hab mir immer schon gedacht, ihn einmal zu überprüfen, denn ich glaube mit dem stimmt was nicht.", meinte er. Sie fuhren los, das Wetter war herrlich und wieder ärgerten sie sich über die unfreiwillige Arbeit, die sie machen mussten.

Die Strandkörbe wurden reihenweise gemietet und der Typ in dem Kassenhäuschen hatte alle Hände voll zu tun.

Die beiden Kommissare mussten sich etwas einfallen lassen, denn sie wollten nachprüfen, ob seine Papiere in Ordnung waren. Sörensen stellte sich kurz vor und sprach ihn an: „Mein Kollege und ich haben den Auftrag, alle Leute hier in der Umgebung nach ihren Ausweisen zu fragen." Er redete weiter: „Hier ganz in der Nähe ist ein grausamer Mord geschehen, ich glaube, sie haben davon schon in der Zeitung und in den Nachrichten erfahren." „Mein Kollege und ich müssen diesen ekelhaften und grausamen Mord aufklären, leider.", sagte Rene Brandt.

„Wir sind vom Sonderdezernat Hörnum 1.", ergänzte Sörensen. Der Strandkorbbetreiber wurde sichtlich unruhig. „Ja, da kann ich ihnen nichts zu sagen.", entgegnete der eigenartige Mann mit zittriger Stimme. Da die Kommissare den Zeitpunkt des Todes und fast den genauen Tag ermitteln konnten, fragten sie den Mann nach seinem Alibi für diesen Zeitraum. Immer deutlicher erkannten die Beamten, dass hier etwas faul im Staate war. Schnell fanden sie heraus, dass der Strandkorbbetreiber unter einem falschen Namen auf der Insel war, und dass seine Papiere gefälscht waren, und dass er außerdem für den besagten Zeitpunkt kein Alibi vorweisen konnte.

Im Kommissariat gestand er den Mord und erklärte: „Dieser Mann hat mich gedemütigt und beleidigt, denn angeblich soll ich seine Freundin vergewaltigt haben." Er redete weiter: „Ich habe dann irgendwann Rot gesehen und wollte ihm sein dreckiges Maul stopfen." Weiter sagte er: „Ich lauerte ihm auf um ihm eine Lektion zu verpassen, aber mein Verstand muss in dem Augenblick ausgesetzt haben. Wie im Blutrausch zog ich ihn in mein Auto, nachdem ich ihn vorher mit einem Betäubungsmittel willenlos gemacht hatte. Bei mir in der Garage passierte dann das Schreckliche…" „Genug, genug!", schrie der Kommissar, „Das ist ja widerlich, sie sind ja ein Irrer.", sagte er weiter.

Für immer wanderte der Mörder ins
Gefängnis. Nie mehr bekam er Gelegenheit
grausame Dinge zu tun.

Endlich konnten die Kommissare ihren hart
verdienten Urlaub genießen, ohne einen
Anruf zu bekommen. Hoffentlich!

Für den WDR geschrieben –
Kurzgeschichten, Genre Krimi,
von Renate Sültz & Uwe H. Sültz

Agathes Code

Wer kennt sie nicht, die fantastischen
Abenteuer des Monsieur LeGrant oder die

Fälle von Kommissar Craik. Agathe X. war eine sehr erfolgreiche Autorin. An ihrer Seite sah man stets ihren Sohn Luis. Ihr erstes Buch wurde bereits zum Bestseller. Luis bewunderte seine Mutter, wollte unbedingt die Geheimnisse des Geschichtenschreibens erlernen.

„Fantasie und viel Ruhe brauchst du, mein Sohn", sagte die erfolgreiche Mutter. Abend für Abend saßen sie bei einem Glas Wein beisammen, plauderten über dies und jenes, diskutierten, machten sich Stichpunkte. Schon war die Grundlage für eine neue Geschichte geboren. „Es sind die Dinge, die im Alltag passieren", sagte Agathe. Klug, wie die Mutter war, sorgte sie bei Luis für eine gute Ausbildung. Über den Beruf des Buchbinders bis zum Studium arbeitete sich Luis an die Spitze. Sein Bruder hingegen war ein Lebemann. Mutters Unterstützung verprasste er meist im Spielkasino. Leo war genau so talentiert wie sein Bruder, aber irgendwie verstand er das Leben nicht. Erfolg kam eben nicht von ungefähr. Luis richtete sein Arbeitszimmer neben Agathes Büro ein. Jetzt hatte er alles an Handwerkszeug beisammen, durch Mutters Gespräche am Abend sprudelten die Ideen. Agathe hatte wieder einen Bestseller. Luis schrieb das erste Buch unter Agathes Namen, Agathe war begeistert vom Inhalt und ließ es zu. Es wurde ein ordentlicher Erfolg, beide freuten sich. Natürlich schob Agathe einen neuen Fall von Kommissar Craik hinterher. Wie es in der Brache so war, zog der Name und so steigerte sich auch das Buch von Luis nochmals. Mit dem von Luis erworbenen Know-how, setzte er nun auch das Internet ein, man sprach über Luis, man kannte ihn jetzt. Dabei setzte er zwei Künstlernamen ein, Cora Brix und Henry Desmond. Erfolg über Erfolg war das Resultat. Schreiben, Weinabende mit Mutter, die beiden wurden ein Erfolgsduo. Und niemand kannte ihre Herkunft. Der erste oder zweite Platz war ihnen in den Bestsellerlisten sicher.

Luis erwarb von seinen Einkünften Grundstücke, Agathe sparte alles und legte das Geld und die Wertpapiere in ihren Tresor. Nun, es war ein Panzerschrank mit modernster Technik, mechanische und elektronische Zahlenkombinationsschlösser kamen zum Einsatz. Millionen lagen darin und warteten. Auf was eigentlich? Agathe war eine glückliche und zufriedene Frau. Luis war versorgt und Leo schlug sich so durchs Leben. Er würde ja sowieso genug erben. Luis dagegen war nicht auf die Erbschaft angewiesen. Die Zeit verging, der Erfolg der Bücher war immer noch grandios. Leo bohrte immer mehr nach Geld. Agathe versuchte ein letztes Mal, ihren Sohn auf die richtigen Schienen zu setzten. Aber es war zu spät, Leo ließ sich hochverschuldet mit der Mafia ein. Leo versprach dem Geldeintreiber, dass er aus dem Geldschrank seiner Mutter bezahlen würde, nur seine Mutter müsste kurz zum Schweigen gebracht werden. Es passierte tatsächlich so, selbst Kommissar Craig könnte diesen Fall nicht lösen. Alles sah nach einem Unfall aus. Das Fahrzeug von Luis, mit Agathe auf dem Beifahrersitz, überschlug sich mehrmals, stürzte dann den Abhang hinunter. Agathe war sofort tot, Luis überlebte schwerverletzt. Das Haus stand nun wochenlang leer. Leo und zwei Panzerschrankknacker machten sich ans Werk. Die schwere Explosion nutzte gar nichts. Herumfliegende Splitter verletzten

Leo schwer, die beiden anderen flohen. Als die Polizei eintraf, war Leo schon tot. Nach Luis Genesung richtete er das Büro neu ein. Agathes Erbe sollte zu 60 Prozent gespendet werden. Die 20 Prozent an Leo kamen noch dazu. Luis spendete einer Autoren-Gruppe seinen Anteil, zur Förderung, so wie es seine Mutter mit ihm gemacht hatte. Den Code kannte Luis übrigens auch nicht, Agathe sagte nur immer, denke an die Erfolge unserer Bücher! Luis tippte ein: 1... 2... 1... 3... 1... 2... 1... 4... 2... 1...

Vorbeugung gegen Myopie
Invertierte Lesetexte gegen Kurzsichtigkeit

Teil 2: Norddeutsche Krimis - Sylt

SONDERDEZERNAT H 1 – Die Gründung

Seinen Colt trug er locker im Halfter. Den Hut trug er tief ins Gesicht gezogen. Der lässige Gang dazu. Und jeden Morgen stieg er in die riesige schnaufende Eisenbahn, um ins Sheriff Office zu kommen. Genau so stellte sich der 8 jährige Martin den Job seines Vaters vor.... genau so!

Nun, so war der Beruf von Kriminalhauptmeister Werner Feddersen nun wirklich nicht, ganz im Gegenteil. Familie Feddersen wohnte in Hörnum auf Sylt. Zurzeit taten zwei ... nst. Es war ... -Inselbahn bis ... n Neuigkeiten ... nach List. ... dlich wieder ... is Uniform ... meist ... ne Frau Sabine ... leidung wieder ... n verschlang ... hen musste. ... on! Wie weit ... haißt HP?", ... druckt und

Inhalt

R B O G W S

7 9 4 2 6 1 9 2 3

Q R P A V L Y Z A Z

1 4 6 8 2 9 5 3

W B K O L D S W A

Beugen Sie durch das Lesen von invertiertem Text der Kurzsichtigkeit (Myopie) vor. Kurzgeschichten eignen sich hervorragend dazu.

"